ÉTAT-MAJOR DE L'ARMÉE

2e Bureau

CONFIDENTIEL

ENSEIGNEMENTS

DE LA

GUERRE RUSSO-JAPONAISE

Note n° 14. — Munitions d'Artillerie.

Décembre 1906

Exemplaire n° .... remis à ....

Etat-Major de l'Armée

2e Bureau

Confidentiel

Décembre 1906.

Enseignements de la Guerre Russo-japonaise.

Note N° 14.

Munitions d'Artillerie

Sommaire | Pages

Munitions d'Artillerie

1° Approvisionnement en munitions.

a. Armée japonaise

L'approvisionnement en munitions était le suivant:

1° Dans la batterie (6 pièces)

Batterie de tir :	3 arrière-trains de caissons	150
	9 avant-trains	360
Echelon de combat ;	3 caissons	270
		780

soit 130 coups par pièce.

2° En outre, dans le régiment, (pour 2 groupes de 3 batteries)

27 caissons 2.160

soit 60 coups par pièce. Au début un tiers des caissons de la réserve régimentaire étaient chargés en obus-torpilles. Cette proportion a été augmentée en cours de campagne.

3° Dans les colonnes de munitions.

La division possédait au début 3 colonnes de munitions d'artillerie. Ce nombre a été porté à 4. Chaque colonne de munitions d'artillerie de campagne comprenait 46 voitures du modèle général du train divisées en 2 sections et portant chacune 4 caisses de 5 projectiles soit 3.680 coups.

L'ensemble des 4 colonnes représentait environ 102 coups par pièce.

4° Au Parc d'armement de la Division.

Le Général Lombard estime à environ 300 coups par pièce l'approvisionnement du parc d'armement de la Division qui était un organe divisionnaire destiné à ravitailler les colonnes de munitions.

Ce parc était théoriquement sur roues et comprenait en principe des chariots à deux roues du type réglementaire et aussi quelques chariots à 4 roues qui n'ont pas donné de bons résultats. Dans la pratique les moyens de transport furent insuffisants.

5° Au parc d'Armée.

Il n'a pas été possible jusqu'ici d'avoir des renseignements précis sur les approvisionnements du parc d'armée. Le Général Lombard estime qu'il est hors de doute que les magasins considérables créés à Liao-Yang, puis à Moukden pour les approvisionnements de toute nature de l'armée de Mandchourie renfermaient une quantité considérable de munitions.

D'après ce qui précède, le total des approvisionnements aurait été d'environ 600 coups par pièce dans la division.

Pour les batteries de montagne, l'approvisionnement était le suivant :

Dans la batterie : 98 coups par pièce (7 chevaux portant chacun 2 caisses de 7 projectiles)
A la réserve régimentaire : 50 coups par pièce.
Aux colonnes de munitions : 140 coups par pièce. (Ce renseignement n'est pas donné comme certain par le Lt Colonel Corvisart).

b. Armée russe

L'approvisionnement était le suivant :

1°. Dans la batterie : 212 coups par pièce
2°. Dans les parcs d'artillerie : 165 d°
(Sections de munitions)
3°. Au parc local : 250 d°

On créa en outre de gros dépôts de munitions d'artillerie à peu de distance en arrière du front en particulier à Moukden.

II°. Consommation de munitions.

De même que pour les munitions d'infanterie, on cite des cas nombreux, surtout du côté russe, dans lesquels les consommations de certaines batteries furent considérables.

Côté russe.- Les rapports du Général Silvestre citent les cas suivants de fortes consommations.

1°. à Tatchitsao. La 2e Batterie de la 9e Brigade d'artillerie de Sibérie orientale tire 4.018 coups, soit 502 coups par pièce.

La 3e Batterie de la même brigade, 2.114 coups, soit 264 coups par pièce.

La 4e Batterie de la même brigade tire 1336 coups, soit 167 coups par pièce.

La 2e Batterie à cheval du Transbaïkal tire 1300 coups, soit 162 coups par pièce.

A la même bataille, l'ensemble des batteries du 4e Corps tire en moyenne 290 coups par pièce

2°. Le 19 juillet, lors de la retraite de Sikiyan sur Goutziatzy, la 6e Batterie de la 9e Brigade d'artillerie tire 912 coups soit 114 coups par pièce.

3°. Le 31 juillet, à Lagoolin, la 2e Batterie de la 31e Brigade d'artillerie tire 1252 coups, soit 157 coups par pièce.

Le 26 juillet, la 3e Batterie de la même brigade avait tiré 1.292 coups, soit 161 coups par pièce.

Le 31 juillet, à Simoutchen, la 5e Batterie de la même brigade tire 1.178 coups, soit 146 coups par pièce.

4o A la bataille de Liao-yang. La 1re batterie de la 9e Brigade d'artillerie de Sibérie orientale tire en deux jours (30-31 août) 2.680 coups, soit 167 coups par pièce et par jour.

La 2e Batterie de la même brigade, tire 3.678 coups soit 229 coups par pièce et par jour.

La 3e Batterie de la même brigade tire 1.776 coups, soit 111 coups par pièce et par jour.

A la même bataille, au 10e Corps d'Europe:

La 1re Batterie de la 9e Brigade d'artillerie tire en deux jours (30-31 août) 4.600 coups, soit 287 coups par pièce et par jour.

La 2e Batterie de la même brigade aux mêmes dates tire 5.030 coups, soit 314 coups par pièce et par jour.

Le 3 septembre, la 5e Batterie de la même brigade tire 885 coups, soit 110 coups par pièce.

On cite également l'exemple d'une pièce, agissant seule, et qui tira 1.000 coups en 4 heures.

5o A la Bataille du Chaho.- Le 12 Octobre, la 1re Batterie de la 9e Brigade d'artillerie tire 1.016 coups, soit 127 coups par pièce.

A la même date, la 2e Batterie de la même brigade tire 1380 coups, soit 172 coups par pièce.

Le 13 octobre, la même batterie tire 858 coups, soit 107 coups par pièce.

Le 14 octobre, elle tire 1.175 coups, soit 147 coups par pièce.

Le 16 Octobre, à l'attaque de Sakhepou, elle tire 1.030 coups, soit 129 coups par pièce.

Le 14 Octobre, à l'attaque de Sakhepou, la 3e Batterie de la 9e Brigade d'artillerie tire 796 coups, soit 100 coups par pièce.

Le 16 Octobre à l'attaque de la même localité, la même batterie tire 1.045 coups soit 131 coups par pièce.

Le 14 Octobre, à l'attaque de Sakhepou, la 2e Batterie de la 31e Brigade d'artillerie tire 1.179 coups, soit 147 coups par pièce.

A la même date et à la même attaque, la 6e Batterie de la même brigade tire 1.072 coups, soit 134 coups par pièce.

Le 16 Octobre, la 7e Batterie de la même brigade tire 920 coups, soit 115 coups par pièce.

Le 17 Octobre, la même batterie tire 1.022 coups, soit 129 coups par pièce.

6° A la Bataille de Sandepou. – Le 27 janvier, la 2e Batterie de la 9e Brigade d'artillerie de Sibérie orientale tire 1.656 coups, soit 207 coups par pièce.

Le 28 janvier, la même batterie tire 2.136 coups, soit 267 coups par pièce.

Le 27 janvier, la 3e Batterie de la même Brigade tire 1.450 coups, soit 192 coups par pièce.

Le 26 janvier, la 4e Batterie de la même Brigade tire 1313 coups, soit 164 coups par pièce.

Les 27 et 28 janvier, la même Batterie tire 2537 coups, soit 317 coups par pièce et 1.432 coups, soit 191 coups par pièce.

7° A la Bataille de Moukden. – Le 27 Février, la 4e Batterie de la 6e Brigade de Sibérie orientale tire 858 coups, soit 107 coups par pièce.

....

Le 28, la même Batterie tire 1.319 coups, soit 165 coups par pièce.

Le 1er Mars, 1.375 coups, soit 172 coups par pièce

Le 2 Mars, 1.232 coups, soit 154 coups par pièce

Le 3 Mars, 4.034 coups, soit 504 coups par pièce.

Les exemples ci-dessus sont pris presque tous parmi les batteries de la 9e Division de Tirailleurs de Sibérie orientale et parmi celles du 10e Corps d'Europe qui sont à peu près les seules sur lesquelles on ait jusqu'ici des renseignements.

On peut en déduire que le nombre de cas dans lesquels la consommation a dépassé 100 coups par pièce et par jour s'est montré fréquent. La consommation a même atteint 200, 300, 400 et même 500 coups par pièce et par jour.

Dans un de ses rapports, le Général Silvestre constate que la consommation des munitions d'artillerie a dépassé plusieurs fois toutes les estimations prévues.

Il attribue la grande consommation de munitions du côté russe aux raisons suivantes :

Les corps d'armée avaient un nombre de canons très inférieur au nombre admis en Europe et ils devaient entretenir le feu sur des fronts très étendus contre une artillerie qui savait être plus nombreuse sur les points attaqués.

Un certain nombre de batteries étant toujours maintenues en réserve, les autres devaient compenser leur infériorité numérique par l'intensité du tir.

L'armée russe ne soutint que des combats défensifs et l'artillerie fut tenue de marquer la défense par un tir ininterrompu.

L'artillerie russe ne savait pas tirer ; elle tirait généralement au jugé, souvent au hasard et sans but précis.

Il est à remarquer que si la consommation de munitions dépassait fréquemment 100 coups par jour, les moyennes sont notablement moins élevées si elles portent sur un assez grand nombre de batteries et sur plusieurs journées de combat.

Le tableau ci-après indique la consommation des batteries des 9e et 31e Brigades d'artillerie dans la période du 15 juillet à la fin d'octobre 1904. La moyenne de la consommation journalière par pièce varie de 123 à 33 pour les différentes batteries. La moyenne générale est de 57 coups environ.

Batteries				Nombre de journées de combat	Consommation totale	Consommation journalière, moyenne par batterie	Consommation journalière moyenne par pièce
1re	Batterie	de la 9e	Brig. d'art.	12	8.320	693	87
2e	d°	d°	d°	10	9.873	987	123
3e	d°	d°	d°	12	4.703	392	49
4e	d°	d°	d°	8	2.423	303	38
5e	d°	d°	d°	6	2.301	384	48
6e	d°	d°	d°	6	1.781	297	37
1re	d°	31e	d°	8	2.740	342	43
2e	d°	d°	d°	10	5.477	548	68
3e	d°	d°	d°	5	1.991	398	50
4e	d°	d°	d°	6	1.579	263	33
5e	d°	d°	d°	5	2.434	487	61
6e	d°	d°	d°	5	2.594	519	65
7e	d°	d°	d°	9	4.784	531	66
8e	d°	d°	d°	10	2.654	265	33

Pour la bataille du Chaho, en 5 jours de combat, 4 batteries de la 9e Division de Tirailleurs de Sibérie orientale et 1 batterie à cheval de montagne donnent des moyennes par jour et par pièce de 80, 89, 36, 62, 12 soit 55 comme moyenne générale.

Pour l'ensemble de l'artillerie on aurait, d'après le Général Moulin, dépensé :

à Liaoyang	110.000	projectiles
au Chaho	150.000	d°
à Moukden	400.000	d°

Si l'on admet pour l'artillerie un total approximatif de : 500 pièces à Liao-Yang, 1.000 pièces au Chaho et 1.300 à Moukden, on obtiendrait comme consommation totale moyenne par pièce pour la durée entière de ces batailles :

220 coups à la Bataille de Liao-Yang,
150 coups à celle du Chao
300 coups à celle de Moukden.

Côté japonais.- Du côté japonais, les renseignements recueillis jusqu'à ce jour sont encore moins nombreux que du côté russe. Ils tendent à prouver que la consommation de munitions fut beaucoup plus modérée que du côté russe.

Les plus fortes consommations signalées sont les suivantes :

à la bataille de Nanshan, la moyenne consommée par pièce fut de :

179 coups pour l'artillerie de la 1re Division,
103 coups pour l'artillerie de la 3e Division,
161 coups pour l'artillerie de la 4e Division,
250 coups pour les batteries de la 1re Brigade d'artillerie.

A Pensikou, une batterie du 12e Régiment tira, le 12 Octobre 400 coups. Ce fut une consommation tout à fait exceptionnelle.

D'après le Colonel commandant le 15e Régiment d'artillerie, la plus grande consommation journalière faite par les Batteries de son régiment a été de 200 projectiles par pièce et par jour.

A la bataille de Chaho, le 2e Régiment d'artillerie tira au cours des 3 plus fortes journées une moyenne de 90 coups par pièce et par jour.

A la bataille de Moukden, la consommation maxima à la 2e Division fut celle du groupe de campagne du 2e Régiment qui atteignit le 2 Mars 190 coups par pièce

Pour l'ensemble des 4 plus fortes journées, la moyenne du 2e Régiment d'artillerie fut de 95 coups par pièce et par jour.

Si l'on considère l'ensemble d'une grande bataille, les moyennes sont notablement moins élevées

Ainsi pour la bataille du Chaho, la moyenne journalière du 2e Régiment fut de 38 coups par pièce

A la même bataille, la moyenne journalière pour l'ensemble des 3 armées japonaises fut de 48 coups par pièce.

A la bataille de Moukden, la moyenne journalière pour le 2e Régiment d'artillerie fut de 33 coups par pièce.

Celle du 1er groupe de la 12e Division fut de 16 coups par pièce.

Celle du 2e groupe de la même Division de 42 coups par pièce.

Ces chiffres corroborent les renseignements suivants donnés par le Général Lombard et par le Commandant Payeur.

« La consommation de munitions fut

considérable au début, environ 120 coups par pièce et par jour, même au combat de Nanchan, le 26 mai 1904, dans l'après-midi, les coffres de batterie étaient vides. Plus tard, la consommation fut réglée avec parcimonie, elle était en général de 40 à 50 obus par pièce et par jour de combat.

« Toutefois à la bataille de Moukden, l'artillerie de la 3e Armée tira beaucoup et le dernier jour de la bataille, quand l'armée russe se mit définitivement en retraite, cette artillerie ne put la poursuivre par le feu que pendant une demi-heure environ en vidant tous ses coffres. » (Général Lombard).

« L'artillerie japonaise ne manqua jamais de munitions (1re armée) sauf à la fin de la bataille de Liao-Yang où les 2e et 12e Divisions qui étaient passées sur la rive droite de Taitseho se trouvèrent à court et durent ménager leur feu plus que ne le comportait la situation.

« En général, l'artillerie japonaise consommait peu, ne tirait qu'à bon escient sur des objectifs définis et ne s'amusait pas comme l'artillerie russe à arroser pendant des heures des plis de terrain où il n'y avait personne. »

III°. Taux des approvisionnements à constituer.

Il serait très désirable de pouvoir tirer de la guerre russo-japonaise des conclusions fermes au sujet du taux des approvisionnements d'artillerie à constituer, mais la chose parait difficile en raison des conditions spéciales dans lesquelles s'est déroulée la guerre de Mandchourie.

D'une part la quantité considérable de munitions consommée par l'artillerie russe tient en grande partie à la mauvaise instruction de cette artillerie.

Le ministre de la guerre de Russie fit au Général Moulin la déclaration suivante :

« L'effroyable quantité de munitions consommée en Mandchourie a quelque chose d'anormal et tient à l'ignorance des propriétés du nouveau canon par ceux qui s'en servaient pour la première fois.

De son côté, le Général Palitzine, Chef d'Etat-Major Général de l'Armée russe affirme qu'en raison de l'ignorance des artilleurs, relativement à l'emploi du nouveau matériel, une partie des munitions réellement tirées ont été gaspillées en pure perte.

D'autre part, le Général Silvestre pense que l'artillerie russe qui n'était armée que d'un canon à tir accéléré aurait consommé bien davantage avec un canon à tir rapide. Il conclut en exprimant l'opinion que les batailles en Europe traîneraient moins en longueur et que la consommation des munitions déduite des faits de Mandchourie ne peut pas faire loi.

Avis du Général Lombard.-. Le Général Lombard s'exprime ainsi à ce sujet :

« Sans doute notre matériel à tir rapide consommera plus de munitions que le matériel Arisaka. Toutefois ce qui précède montre qu'en réglant avec sagesse la consommation de nos munitions d'artillerie nous n'aurons pas besoin d'augmenter sensiblement l'approvisionnement dont sont actuellement dotées nos batteries de campagne et qu'il suffira de prévoir un ravitaillement rationnel et rapide de ces batteries et de nos sections de munitions. »

Avis du Lt-Colonel Corvisart.-.

« En ce qui concerne l'approvisionnement en munitions d'artillerie qui doit naturellement être en rapport constant avec la rapidité du tir, il ne me paraît pas qu'on puisse, pour une campagne européenne, tirer des enseignements bien concluants de la dernière guerre, côté japonais.

En effet, le canon Arisaka n'est pas une pièce à tir rapide mais seulement un canon à tir accéléré qui se dépointe à chaque coup.

Bien que le règlement de manœuvres de l'artillerie nipponne admette la vitesse de tir de 4 à 5 coups par minute pour une pièce isolée et 15 à 20 pour la batterie, je n'ai jamais vu tirer à plus de 1 coup et demi à 2 coups par minute et cela fort rarement. D'autre part les conditions particulières dans lesquelles s'est faite la campagne de Mandchourie, la lenteur des mouvements des armées, le peu de mobilité de l'artillerie en ont certainement facilité le ravitaillement en munitions qui, pour ce qui regarde particulièrement l'artillerie de campagne, s'est toujours fait normalement. »

Avis du Commandant Payeur. – D'après le Commandant Payeur, la consommation journalière d'une artillerie fortement engagée a été d'environ 200 coups par pièce; mais, dit-il, avec un canon à tir rapide, avec des batteries de 4 pièces seulement, en tenant compte de la plus grande nervosité des artilleries européennes et de l'intensité plus grande que présenteront peut-être les batailles en Europe, il faut prévoir pour de l'artillerie fortement engagé, une consommation journalière de 400 coups par pièce.

Pour l'ensemble d'une grande bataille, la base moyenne de prévision devrait être de 300 coups par pièce.

Pour le réapprovisionnement à prévoir, il convient de tabler sur des moyennes; or l'incertitude qui règne sur ce que sera la consommation moyenne est telle que le moyen le plus économique paraît être de s'outiller de manière à avoir une grosse production dès le premier jour de la mobilisation.

La dotation en projectiles de la ligne de bataille paraît suffisante. Il y a lieu de se préoccuper du ravitaillement de cette ligne et d'envisager le cas où deux grandes batailles se succéderaient à peu de jours d'intervalle. »

Opinion russe. – D'après le Général Moulin, l'opinion qui prévaut actuellement en Russie dans les milieux de l'artillerie est que l'approvisionnement en munitions de chaque canon de campagne (shrapnels et obus brisants) ne doit pas être inférieure à 1.000 coups (approvisionnements de la batterie, des différents échelons et parcs d'artillerie et des dépôts en magasin avant la déclaration de guerre). On aurait donc 6.000 coups à dépenser par batterie.

L'approvisionnement porté dans les coffres de la batterie paraît devoir être de 270 coups par pièce.

Au cours de la campagne de Mandchourie, l'artillerie russe a fortement souffert du fait que l'industrie nationale n'était pas suffisamment outillée pour reconstituer les approvisionnements considérables consommés dans les grandes batailles. On dut faire à l'étranger de grosses commandes qui ne furent pas toujours convenablement exécutées.

L'expérience amère de la dernière guerre en ce qui concerne les commandes à l'étranger, les retards, les déboires causés par de pareils errements ont déterminé sous ce rapport des résolutions énergiques. Indépendamment des usines de 1er ordre, un grand nombre de petites usines sont en quelque sorte enrégimentées pour cette fabrication.»

Pour ce qui est des douilles, la fabrique de Toula va être considérablement augmentée et deux usines privées, en outre, s'engagent à s'outiller pour fabriquer des douilles en grande quantité, dès la mobilisation, à la condition que l'État leur assure en temps ordinaire des commandes annuelles.» (Général Moulin).

IV°. Proportion d'obus brisants

La proportion des obus brisants aux shrapnels était dans les batteries japonaises de 1/10 environ.

A Nanchan, l'artillerie japonaise tire 3.747 obus brisants pour 30.000 shrapnels. (proportion 12% environ).

Au Chaho, le 2e régiment d'artillerie tire 9.413 projectiles dont environ 1/4 d'obus brisants.

A Moukden, le 1er groupe de la 12e Division tire 2.600 obus pour 3.100 shrapnels; le 2e groupe de la 2e Division tire 7.500 obus pour 7.700 shrapnels, soit une proportion de 1/2.

Les raisons de la forte augmentation de la proportion des obus brisants ont été données dans la note N° 10.

Quant aux Russes, leur matériel à tir rapide ne comportait que l'emploi du shrapnel.

L'effet de ces projectiles sur les obstacles matériels ayant été reconnu insuffisant dès le début, les Russes remirent en service un certain nombre de canons légers ancien modèle (87 m/m) pouvant tirer des obus ordinaires. Il ne semble pas que leurs canons de campagne aient jamais fait usage d'obus brisants.

Le Général Lombard et le Commandant Payeur demandent que la proportion des obus brisants soit portée à 1/3.

Le Commandant Payeur estime qu'il serait avantageux presque indispensable que tous les caissons puissent contenir des projectiles de chaque espèce, shrapnel et obus explosif.

V°. Nécessité d'une excellente discipline du feu.

A l'occasion des consommations considérables de munitions d'artillerie dans l'armée russe, le Général Silvestre émet l'avis suivant :

« En premier lieu, il est nécessaire d'obtenir de l'artillerie une grande discipline du feu ; elle ne doit tirer que lorsque le tir est utile et le faire alors de telle façon que ce tir soit sûrement et rapidement efficace avec le minimum de coups.

Plus l'instruction tactique et du tir sera parfaite, plus le nombre de coups nécessaires pour une bataille sera petit.

Des efforts toujours plus grands doivent être faits pour la préparation à la guerre ; toute dépense faite dans ce but (manœuvres, écoles à feu) sera plus tard largement compensée par une économie en cas de guerre.

Augmenter le nombre des coups alloués pour les Écoles à feu, améliorer les champs de tir sont les conséquences les plus indiscutables des enseignements de la guerre... »

Résumé.- Conclusion.

Les renseignements et avis précédents semblent pouvoir se résumer ainsi :

1°. La consommation en munitions d'artillerie a été très inégale suivant les batteries, elle a atteint dans certains cas des chiffres considérables.

Les consommations journalières dépassant 100 coups par pièce ont été très fréquentes, certaines batteries surtout du côté russe ont dépassé 200, 300, 400 et même 500 coups par pièce.

2° Ces consommations tiennent en partie à l'insuffisance de l'instruction de l'artillerie russe, mais d'autre part l'emploi d'un matériel réellement à tir rapide, la nervosité plus grande des troupes européennes, une allure moins traînante des batailles en Europe, un emploi plus hardi d'une artillerie plus manœuvrière que ne l'étaient les artilleries russe et japonaise tendraient probablement à une augmentation relative de la consommation de munitions. Il paraît donc difficile de tirer des conclusions fermes de l'expérience de la guerre russo-japonaise en ce qui concerne le taux des approvisionnements en munitions d'artillerie.

A titre d'indication, il y a lieu de noter qu'après l'expérience de la guerre russo-japonaise, les Russes ont adopté un chiffre de 6.000 coups par batterie de 6 pièces.

3° La plupart des témoins de la guerre russo-japonaise paraissent considérer comme suffisant les approvisionnements de la ligne de bataille, mais insistent sur la nécessité absolue d'un ravitaillement rapide.

Pendant la guerre russo-japonaise le voisinage du chemin de fer et l'immobilité relative des armées a simplifié beaucoup le ravitaillement pendant le combat.

A Tatchitsao, à Liao-Yang, au Chaho et à Moukden des trains entiers chargés de caisses de

munitions ont été poussés sur la ligne de l'Est chinois jusqu'à 3 ou 4 kilomètres des positions de batteries; les caissons s'y approvisionnaient directement; au Chaho les caissons de l'armée du centre et de l'armée de l'Est trouvèrent aussi sur l'embranchement de Fouchoun des trains où ils puisèrent à une distance de 12 kilomètres environ du Chaho. Leur va-et-vient fut ininterrompu.

Le Général Silvestre estime qu'un procédé semblable trouverait sans doute son application sur tous les champs de bataille d'une guerre franco-allemande et qu'il serait utile de prévoir dès la mobilisation l'envoi dans les gares les plus voisines de la première ligne des trains chargés de munitions toujours prêts à se porter partout où le commandement les appellerait.

Le Commandant Payeur juge nécessaire d'avoir un approvisionnement correspondant à la consommation de 2 grandes batailles (1.600 coups) et de s'assurer un outillage capable d'une forte production à partir du 1er jour de la mobilisation.

4º Il paraît désirable de porter à 1/3 la proportion des obus explosifs.

5º Il paraît avantageux d'organiser les caissons de façon qu'ils puissent transporter à la fois des shrapnels et des obus explosifs.

6º On ne saurait trop faire en vue de perfectionner l'instruction de l'artillerie pour obtenir de cette arme une discipline du feu aussi parfaite que possible. Dans cet ordre d'idées, le Général Silvestre estime qu'il y aurait lieu d'augmenter le nombre de coups alloués pour les Écoles à feu et d'améliorer les champs de tir.

www.ingramcontent.com/pod-product-compliance
Lightning Source LLC
LaVergne TN
LVHW010259230826
846091LV00007B/3056

* 9 7 8 2 0 1 9 2 2 4 9 7 4 *